Nirgendwo gibt's tief're Weissheit als am ¥achthafen.

Oliver Mano

Wer sich gehenlässt, macht Fortschritte[1]

[1] Sprengsätze für Zukunftslustige

Bibliografische Information der Deutschen Nationalbibliothek:

Die Deutsche Nationalbibliothek verzeichnet diese Publikation in der Deutschen National-bibliografie: detaillierte bibliografische Daten sind im Internet über http://dnb.d-nb.de abrufbar.

© 2010 Oliver Mano, Karlsruhe
oliver.mano@stärkere-texte.de
Lektorat: www.stärkere-texte.de
Herstellung und Verlag: Books on Demand GmbH, Norderstedt 2010
ISBN: 978-3-8391-6966-7

Mehr Schwung haben Leute, mit denen es
abwärts geht 7

Morgens ist immer so früh 25

Ein Tor ändert alles 35

Wozu hat die Lunge Flügel? Befreiungs-
schlag am 3. Loch 41

Fastnachtsausbruch 51

Freiheit fesselt 61

Die Sonne hat Schattenseiten 69

Höhlenflug 83

Bergversteigerung. Beim König des Nichts 91

MEHR SCHWUNG HABEN LEUTE, MIT DENEN ES AB-WÄRTS GEHT.

Mehr Schwung haben ...

Warum werden Bäume nie arbeitslos? Weil sie sich nie anstellen lassen.

Wen übergehst du am häufigsten? Deinen Schatten.

Jede Schraube will bemuttert sein.

Leichter hat's, wer einsieht, dass man sich selbst unheimlich werden muss.

Den Ehrlichen sind Grenzen gesetzt: Ermittlungsgrenzen.

Spannend ist: wie ein Mensch sich wehrt.

Geordnete Leute sind mir lieber als Abgeordnete.

Wer Recht schaffen will, muss viele Gesetze streichen.

Die Wahrheit ist ein Luxus; auf Luxus müssen viele verzichten.

… haste nix, hasste was …

»Mein Lieblingssatz? Ist der Schadensersatz.«
Sizzy Gelæsik, Luanda.

Du brauchst etwas, das du verlieren kannst.

Was an Gier fehlt, kann Neugier nicht er-
setzen.

Nirgends traf er das Normale; öfter traf es ihn.

Ewig aufgeschlossen bleibt der Holzweg.

Jener Absturz ist gelungen, bei dem man fliegen lernt.

Zum Leben braucht man Einkommen; zum Überleben Übereinkommen.

Auf dem Holzweg kann man wenigstens gut Feuer machen.

Dein Lachen verbessert den Witz.

Seit er klar sieht, kommt er nirgends klar.

Kitsch-Hündchen kläffen in Bäfferli Hillz, denen's besser geht als ganzen Entwicklungs-ländern.

Die Hürde der Menschheit ist umwerfbar.

Aus welchem Stahl sind jene Stellschrauben?
Aus Diebstahl.

Pleitegeier: begabter Singvogel, auf €rfolgs-
reise.

Man muss lernen, Reichen zu misstrauen; sie
haben sich zu lange nicht geirrt.

Geglaubt wird dem Reichen: weil er sagt, was
ihm nützt.

Manche passen bloß in die Welt und sonst
nirgends hin.

Wer viel nehmen kann, braucht wenig zu
haben.

Schulden verleihen Halt.

¿Wie merkt man, dass Leute abstumpfen? Ihre Spitzfindigkeiten nehmen zu.

Seit ich die Welt ausblenden kann, geht es ihr besser.

Einbildung hält länger.

Wenn du Glück hasst, wirst du früh sterben.

Wenn ich schon selbst sterben muss, will ich auch selbst leben.

Mehr Schwung haben Leute, mit denen es abwärts geht. Viele nehmen Anlauf.

Mein bester Rat? Bleibt jung.

Wer so innig mitfühlt, dass er's Leben nicht

erträgt – so einer wird immer gebraucht.

Wer dich verkennt, verachtet eine Menschheit.

Lebensbiegsam werden – knochenbrecherische Arbeit.

Wer stürzt, könnte gereist sein.

Haltung und Unterhaltung. UNTERHALT UND HALT.

Im Tal sieht man mehr vom Berg als auf dem Gipfel.

Selbstverrat lohnt bei Gescheiterten.

½ Doppelleben + ½ Doppelleben ≠ 1 Ganzes

Der rote Faden kann blond sein.

Schönsein ist besser als Dasein.

Das sicherste Verhütungsmittel: Unfehlbarkeit.

Man soll nur Fehler machen, die man wiederholen kann.

Man geht unter die Leute, um zwischen Menschen zu sein.

Dir in den Rücken fallen können nur Leute,
die hinter dir stehen.

Die Zukunft der Hinterhalte scheint gesichert.

Vorsicht: Rücksicht schränkt ein.

Olympia: die Ehrlichen blieben von Medaillen
verschont.

:: RUHMZWANG ZIEHT VIEL NASEN LANG ::

Aus Sümpfen keine Hochspringer.

Im klirren Land wirken die Leute näher am
Rand.

Jeder Tag isst die Ausnahme.

Der Unbeeindruckbare beeindruckt.

Das Wichtigste am Reden ist das Zuhören-
lassen.

Wem man nie etwas vorschreiben kann – der
bezaubert.

Freibeuter betören die Leut'. Sie zeigen Stell-
vertretermut.

Ohne Stützen geht nichts.

Man gewöhnt sich an Krücken.

Das Unglück der anderen ist kein Glück für
dich. Pech gehabt.

Antriebe, damit einer etwas tut:

- er will's tun, Leidenschaft drängt ihn;
- Verlustfurcht; oder Eifersucht;
- Wut;
- Überlegung, Einsicht ins Geflecht und Ein-
  greifwille;
- das Nichtstun ängstigt ihn.

So vielfältige Beweggründe – einem Wohltäter
trauen kann man erst, wenn man weiss, wes-
halb er's tut.

Was Menschen antreibt? Sie hoffen, ihre Zu-
kunft sei offen.

Wer sich begeistert für etwas, hat sich entschieden. Oder entschied etwas sich für ihn?

Wer unfähig ist zum Genießen, muss eben arbeiten.

Man darf Faulsein und Genießen keineswegs gleichsetzen – doch man sollte es.

Hast du alles erledigt, bist du's selbst.

Der Faule heizt die Welt nicht auf.

Eine Neigung wird bald zum Gefälle.

Wer die Steigung übersieht, nimmt sie leichter.

Sich selbst ziehen zum Glück? Sich körperlich

erziehen; geschäftlich, geschlechtlich; wissenschaftlich, rechtlich; geschmacklich, gerätschaftlich; umgänglich, menschlich.

Weg sehen oder wegsehen.

Wer viel nachdenken muss, hat etwas nicht begriffen.

Wer keine Ahnung hat, sollte wenigstens eine Meinung haben.

Wer alles durchschaut, übersieht vieles.

Zwei von drei Unfällen geschehen in der Freizeit. Am besten also, man arbeitet durch …

Ein Versicherer macht sein Geschäft auf Grund einer Verunsicherung.

Mancher starb an voreiliger Rettung.

Manchen bringt selbst der Tod nicht voran.

Man lege Schatten – alles gewinnt an Tiefe.

Im Notfall hilft dir nur die Zukunft. Leider erscheint sie stets zu spät.

Frucht wie Mensch: die Geschlagenen reifen früher.

Wo gestorben wird, gibt's Geschäfte. Die dicksten Regenwürmer gedeihen aufm Friedhof.

Verwirrtsein beweist Dasein.

Er verfolgt Ziele; offenbar laufen sie ihm davon.

Wer nicht weiterweiss, weiss viel.

Mancher besitzt nur seine Eigentümlichkeit.

Niemand ist rundum gewöhnlich; jeder ist irgendwo außergewöhnlich schlecht.

Wer nicht an sich selbst denkt, handelt unmenschlich.

Wenn's heißt, »er war seiner Zeit voraus«, ist alles zu spät.

Du misstraust ihm – denn du traust ihm alles zu.

Warum kannst du Älteren mehr vertrauen?
Sie irren sich schon länger.

Einen Nachbarn kann man mit mehr töten als mit Lärm.

Der Vorwurf schenkt den Menschen Ausdauer.

Liegt sie falschherum im Bett, träumt sie anders.

Alle Tiere rudern.

An Anfängen mangelt es Tieren nicht.

Im Königreich der Kälte findet sich auch für dich eine Lawine.

Das Haltlose hat überall Standortvorteile.

Wer den Zweifel durch den Dreck zieht, beschmutzt die Wahrheit.

Wie hasst du's lieber:
»Die Lüge bleibt; die Wahrheit ändert sich.«
oder:
»Wirklich bleibt die Lüge. Wahrheiten wechseln.«

Du darfst wieder dein eigener Buddha werden.

$Witz^2 = Ernst \cdot Panne \div 2$

Der Wahn hat seinen Sinn.

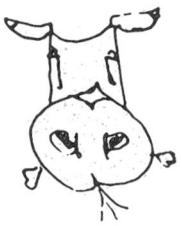

Morgens ist immer so früh

Der Geburtshelfer bester Einfälle und ihr Massenmörder: der Halbschlaf.

Die unentrinnbare Frage: woher kommt mein Geld?

Die Gegenwart wird ungleich verteilt.

Mancher liest seine Zeit von der Uhr ab.

Welcher Sinn schafft gröbsten Unsinn? Der Uhrzeigersinn.

Nacht-Eile birgt Nachteile.

Morgens ist immer so Gier.

Die Menschwelt in einem Wort: Raubmord
mit Sippenhaft; und Urlaubsanspruch.

Dass man haben will – wird kosten …

Für die Jagd auf die Zeit gibt es keine Schon-
zeit.

Das Beste am Leben war's Dasein.

Mutig ist, wer sich die eigene Zeit nicht nehmen lässt.

Der brauchbare Geiz ist der Zeitgeiz.

Wer täglich von 8 bis 17 Uhr für andere arbeitet, wovor flüchtet der?

Wer genug Einkommen hat für Blaubeeren, Häuser, Liebhaber, Reisen … braucht keinen Beruf; das Angestelltenverhältnis ist nicht weltallverordnet.

Wer täglich für andere arbeitet, zahlt auch deren Preis. Wer für andre schuftet, wird auch sonst betrogen.

Ein Langschläfer war er vielleicht – vielleicht

auch ein Langwacher?

Wie lang man schläft, zählt nicht; es zählt, wie
wach man wird dabei.

Wenig Schlaf ist unanständig.

Erst genießen; dann kannst du besser arbeiten.

ISCH HAPP
MISCH IMMA
B̶Ä̶ BEMÜT

Um Grosses zu leisten – dazu war er nicht faul
genug.

»Wo ist mein Leben hin, wohin die letzte hal-
be Stunde?« Hal Qwårt, Frührentner, Waldorf.

Wer dich nicht vorwarnt, verrät dich.

Ein gehetzter Könner kann nichts; ein aufge-
scheuchter Sonntag ist keiner. Wer hetzt, ver-
letzt; und die meisten, die überstürzt loseilten,
kamen nie an. Eine gehetzte Gesellschaft
wird ungesellig.

Eins lernen muss man: sich zu erholen von all
den anderen. Lehrstunden.

Man darf keinesfalls jedes Jahr wachsen, will
man es überleben.

Ein Wachstumsvorgang ist auch das Bersten.

»Man kann verlangen, dass öfter nichts ver-
langt wird von einem.« Womba Kritsch, Xyng.

Wenn Deutsche mal nix schaffen, muss man

sie machen lassen.

Wer Übergroßes sein lassen kann, leistet Großes.

An Tagen, an denen ich locker blieb – mehr erreichte ich da als an den vermeintlich verschufteten Tagen.

»Dein Feuerwerk lass dir von keiner Wolkenzicke verhageln! Wo jeder andres glaubt, scheint am ehsten kein Aberglaube dein Glaube an dich.« Fłagmo Joñsalez, Varado.

Verbündete wachen besser als Söldner, Mitarbeiter besser als Angestellte.

Arbeite hart und ehrlich und du wirst's zu etwas bringen: zum Trottel. Von harter Arbeit wird man hart und reich an Wundnarben, und zu müd' zum Gelderfechten. Ausnahme:

du bist dein eigener Auftraggeber.

Trau keinem mit ’nem Leidspruch!

Viel rackern will keiner – lass dir nichts ein-
schwatzen von Werktagsgedönsheimern! „Die
Leute ist ein Schlappohr." Leon Freytag.

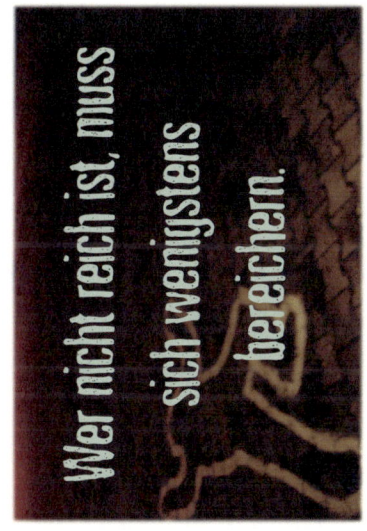

Wer mehr dient, verdient weniger …

Die Mittelschicht starb aus zu Recht; man torkelt nie ungestraft unter Bäumen voll Panthern.

Fürstlich belohnen müsste man die Bettler, für ihre Zurückhaltung. Zu anständige Leute waren Stadtstreicher, Arme und Dachlose.

Mancher Bettler hegt Vorurteile gegen Bettler.

Das Geld lügt auf der Straße.

Dem Witz übelnehmen muss man, dass er oft die gerechte Rache vereitelt.

Keine Zeit für keine Zeit.

Lebe deinen Traum, verträume nicht dein Leben!

Die Unfähigkeit zum Genießen nennt man
arbeiten.

Am farbigsten geträumt wird zwischen 9 und
11 Uhr. [Heimlich hinter Schreitischen.]

* Berufe mit Zukunft:

Ohrwurmzüchter
                                    Putschfrau
                    Nachtforscher
Schwatzmalerin
Glücksausbrüter
                            Glückszusteller
Listenerfinder
                Fluchbegleiterin
Geierzähler
Geschmacksentmündiger
                            Traumfahrer
Traumpflegerin
                        Zukunftsvertröster
                Stacheldrahtzieher
Traumausstatter
Weltbildhauer
            Weltbildrahmenhändler
                        Zukunftszerwühler

Deine Miete wird dir abgebucht vor dem
Wohnen, am 1. gleich. Dagegen wird dein
Arbeitslohn erst überwiesen am Ende der
Arbeit, am 30.? Weshalb?

Warum schmecken Orangen am besten, wenn
ein andrer sie schält für dich?

Ein Tor ändert alles

Wer nur Kleinigkeiten ausspinnt, kann sich
groß irren.

Der Angler weiß: er rettet bloß die Fische
vorm Ertrinken.

Angler = Fischdieb
Weihnachten = Baumquälerei
Salatschüssel = Pflanzenmördergrube

Die besseren Diebe sind lustig.

Ein Narr ist immer sicher. Sich.

Starrköpfige handeln auffällig oft kopflos.

Immer merkwürdig erscheint mir die Meinung von Leuten, die meiner Meinung sind.

Meinungen sind Krankheitserreger: wer sich bei ihnen anbiedert, steckt sich an.

Wer sich bloß eine Meinung bildet, wird eingebildet.

Man darf die Leute nicht ernster nehmen als sie sich selbst. Und weniger wichtig …

Die Welt ist kein Ball – aber ein Tor ändert alles.

Ein Tor ändert alles; ein Weiser ändert sich.

Fussball spielen ist leicht; bis ein Gegenspieler dazukommt.

Warum regt ein Tor auf? Weil es einen Verein weiterbringt.

Der Tor des Gegners steht auf deiner Seite.

Was du zulässt, kann dich öffnen.

Mancher ist so aufgeschlossen, dass er zerstäubt wird.

Einfach gestrickt hält doppelt.

Zu wissen braucht man eigentlich nur eins: wann man irrt.

Du brauchst nichts zu tun, schon ändert sich alles. Du brauchst nichts zu ändern, schon tut sich nichts.

Wie wird man jünger? Bleib' wie du bist!

Besser als Rat schmeckt Vorrat.

Rat kommt von raten.

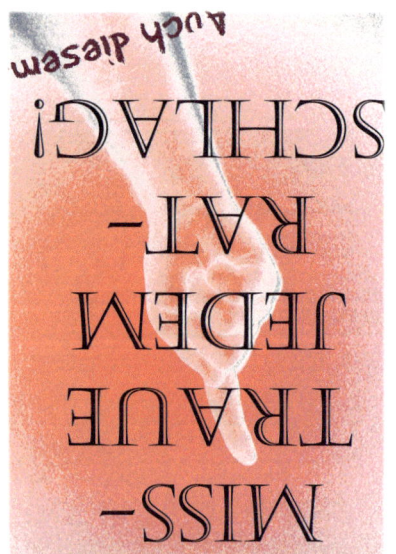

Misstraue jedem Ratschlag – auch deinem!

Was traust du deinem Gegenüber zu? Hier ehrlich sein spart viel.

Mancher hat Gartenzwerge und ahnt nichts davon.

Reich wird man ohne Geld: einfallsreich, aufschlussreich, listenreich, geistreich, hilfreich, einfühlreich, tränenreich, lernreich, sinnreich, freudenreich, zahlreich, zeitreich, Erdreich, engelgleich, Himmelreich, Schelmenstreich …

Nur eine Dummheit: brav zu sein.

~~Wo ein Mensch auftaucht, wird die Welt knapper.~~ Wo Mensch, da knapp.

… gescheit, gescheiter, gescheitert …

… gut, Gut, Güter: das Beste sind Güter.

Glück ist die richtige Endscheidung.

Die Welt ist Nebensache. Die unschönste?

Es gibt keine tiefere Weisheit als zu lächeln.

Wozu hat die Lunge Flügel? Befreiungsschlag am 3. Loch

Die Not ist wendig, das Wendige nötig.

Die Not wird stündlich Mutter.

Vorratskammer > Ratskammer

Wer Mägen füllt, darf golfen.

Du bist die Geschichte deines Körpers.

Lieber in Überflüssen ersaufen als verröcheln
in der Einöde.

Jede Grenze übergeht dich.

Mein Lebensziel heisst: Schweiz.

Man muss hinter die Dinge, um über sie zu
kommen.

Sich aufbäumen gegen Welten aus Klammern;
sich auf Bäumen Gegenwelten ausklammern.

Der Welt ausweichen kann niemand lang.
Dann wird, was Flucht war, ausgequetscht …

Arbeit vermeiden – wird anstrengend.

Aller Anfang ist die beste Verteidigung.

Gedankengang ist Waffengang.

Um zu verstehen, muss man sich verstellen.

Die Welt schätzt Leute, die lieben, was sie schätzen.

Erst, wer aufbegehrt hat, kann begehren.

Wer sich die Welt aufschließt, schafft sie neu.

Dein Ziel ist deine Sonne.
Dein Wahn hält dich warm.

Wer Grund hat hinzugehen, hat schon einiges
gefunden.

Vom Ziel zum Weg, vom Schritt zum Weg.

Der Weg ist wirklicher als das Ziel; das Ziel ist
wirksamer.

Dein Ziel braucht dich. Mehr als du es …

Wer sich entscheidet, kann noch mehr ent-
scheiden. Achtung: dein Entschluss macht
dich fassbar.

Weniger wichtig ist zu wissen, wo man an-
kommt, als zu wissen, was man dort treiben
will.

Aus dem Fluss der Ziele winkt kein Endziel.

Bleiben ist auch ein Ziel.

Südliche Zukunft ankert in Richtung deiner
Sehnsucht.

Wo's flirrt. Antwort auf die Frage: wo will ich
sein?

Unser Denken ist wucherisch angelegt; es ist
ein Spaltpilzdenken. Ein fortgesetztes Bazillen-
denken; überwimmelnd, zügellos, krebshaft.

Das Herz der Welt: der Wirbel.

Keine Bremse hat die Welt.

Hätte der Zeitgeist Recht, hielte er länger.

Welt = Taumel.

Das Störende hat seinen Sinn:

Was, Franka, sprengt deine Rätsel auf einen Knuff? Das Vorblättern nach Seite 66.

›Sitz der Götter‹? Die Götter wandern.

Am 1. Loch spielt man sich warm; am 2.
macht man seine Fehler; ab dem 3. Loch steht
man für sich selbst.

Ziele sind dein Weg.

Das Wesentliche am Aufstieg sind Schritte.

Wozu nun hat deine Lunge Flügel? Antwort:

....

....

....

Was lohnt sich? Zu blühen lohnt.

Wer überlegt, wird überlegen. Wirkt über-
legen.

Das Maßlose ist ein Schlüssel, das Über-
treiben. Wie alles leicht wird, machst du's für

die Frau, die du liebst.

Ohne Anker hält kein Schiff.

Dass man ein Unrecht aushalten kann, macht es unerträglich.

Früher waren Sippen arm oder reich wegen der Landschaft, in der sie aufwuchsen. Heute wird ein Mensch arm wegen der Leute, unter denen er aufwächst.

Gesellschaft? Das klingt mehr nach Einheit als da ist. Masse ist; Erde bricht.

Das Recht ein schlafender Hund. Weckt man ihn, ist's öfter ein schäbiger Strassenköter.

Fastnachtsausbruch

»Du bist reizbar, besitzt Zellkerne, kannst dich
forttieren? Kannst Kraft entfalten, und Ei-
weiße zusammenschmieden? Glückwunsch:
du lebst.« Hr. Murx, Eberhartstr. 53, 70173 Ès.

✉ Jeder ist eine Schlubade. [Was raus-
kommt, stets anders.]

Wer da sein will, muss aus sich herausgehen.

Du bist nicht, wie du bist – du wirst, wie du
dich änderst.

»Muss ich immer etwas machen, kann man
nie nichts tun?«
    »Dein Herz wird schlagen, deine Lungen
pumpen Luft – ist das nichts? Leben heißt:

etwas machen; tot sein heißt: nie mehr machen können. Was willst du?«

»Frei sein zum Schuften für mich selbst, frei sein zum Faulenzen. Frei sein, ein Liebesräuber zu sein. Frei sein fürs Abhauen; frei sein zu bleiben. Frei sein zum Fluchen und Heulen. Frei sein zum Bezweifeln des Freiseinkönnens. Frei sein von Läusen, Gedankenschleifen, und Montagszwängen. Frei sein zum Freien, frei sein zum Bereuen, frei sein zum Vergessen; frei sein zum Genießen, zum Trotz; frei sein zum Schlagfertigsein. Frei sein vom Freiseinmüssen. Frei sein zur Geduld.«

»Einen Freigeist lebenslang zu bändigen – ? Zu träge sind die Leute dazu.«

»Solang du Widerspruch einlegen kannst, rechtlich abgesicherten.«

Was dir entspricht: was aus dir ausbricht.

Manche kommen im Dasein bis zur Belebung.

Beendet war die Suche, als er sie entdeckte: die Sinne des Lebens.

Das Glück liegt auf der Wiese. Johanniskraut.

Vorstellung schlägt Wille.

Leitfaden der meisten: lieber von den Falschen gefeiert werden als nie ein Fest … Recht haben sie; das ist aber auch alles.

Verlass ist auf die Besessenen.

Wahn macht mutig.

Meine vier Jubelsätze?

»Wollt ihr ewig leben? Beschleunigt euch end-
los!«
»Willst du wissen, was dich hemmt? Frag' die
andern!«
»Reich werden? Durch Massenwahren.«
»Wollt ihr klüger werden? Lügt weniger!«

Schlag den Winter finnisch!

Beschwingtes Angebot zur Selbstaufgabe:
SambaWalzerTango.

:: mit jedem Herzschlag ändert sich alles ::

Jeden Neugierigen erwartet eine eigene Falle.

Das Beste? Dich selbst kannst du überraschen.

Du bist das Erdbeben, das du zulässt.

Aufruhr erfreut die Klugen und die Armen.
[Kluge erkennen die Notwendigkeit des Um-
sturzes; Armen leiht er Hoffnung.]

Wer nichts hat, pocht auf Wechsel; wer viel
hat, predigt Schlaf.

Auf Putschmittel!

Mürbeteig. ~~Hefeteig~~

                                        Birnen. ~~Äpfel~~

Tee. ~~Kaffee~~
Kekse. ~~Tomaten~~

Weisswein, Eiswein, Reiswein. ~~Mischbier~~
Datteln. ~~Lindenstrassenessig~~
Lakritze. ~~Erdbeereis~~
                    Hirse. ~~Gummibären~~

Wer sich nicht ernst nimmt, hat mehr Spaß;
wer sich ernst nimmt, spürt ihn mehr.

Einziger Ersatz fürs Genießen ist die Fähigkeit,
sich verstören zu lassen.

Viele halten Tatsachen nicht für Tastsachen;
und sie irren sich zu Recht.

Man hat das Recht, sich zu quälen, und viele
bestehen darauf.

Wer nicht schwelgen kann, darf zweifeln.

Für Sünden in den Süden; nach Norden für

den Orden.

Ich erlaube jeder Stunde, die schönste meines Tags zu werden.

Lachen – in der Glücksschmiede hämmert es.

Toll am Fussball: nirgends sonst müssen sich Millionäre gefallen lassen, angepfiffen zu werden von einem Schlechterverdienenden. [Grund für seinen Erfolg.]

Wer spielt, füllt eine Mitte.

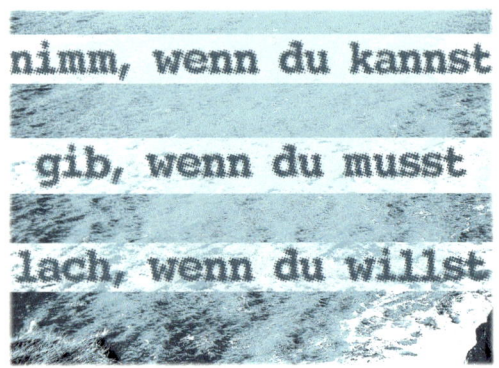

Die Rache der Missachteten kann nur sein das Genießen.

Du tätest dir gut.

Hartmut W. zog seinen Bauch ein, atmete eilig und verkürzte sein Leben um siebzehn Jahre: es scheint, die Erde mag keine Miesmacher. Ein Weltallgeschenk: wer sich freut, lebt länger.

Kann man heimlich frei sein?

Blüte muss sich zeigen.

Bloss fünf Spürsinne? So mageren Sinn abge-
rungen hat man der Welt? Wir haben noch zu
dürftig um Sinne gefeilscht mit der Erde.

Wellensinn, Zahnsinn, Todessinn, Schwer-
kraftsinn, Luftsinn, Baumsinn, Wirsinn, Wirr-
sinn. Dingsinn, Menschensinn, Lückensinn,
Zukunftssinn, Weltraumsinn.

Feiersinn, Lügensinn, Lachsinn, Liebessinn,
Sprengsatzsinn. Beisssinn, Neinsinn. Tatsinn,
Wahlsinn, Gegensinn, Las-Vegas-Inn. Werk-
sinn, Zimmersinn. Folgensinn, Umsinn, Erd-
bodensinn.

Mit den Sinnen wächst der Sinn.

Nimm keinen Ernst, der keinen Spaß hat.

Wer lacht, darf dasein.

Witz hilft beim Lachen.

Wer frei ist, unterschätzt das Freisein.

Freiheit fesselt

Jenen Raum, der Ruhe schenkt, erreicht man atemlos.

Wer sich entschließt, befreit sich. Manchmal befreit man sich von Falschem, manchmal vom Falschen.

Im Einspruch für den Zweifel.

Stell Fragen! Fragezeichen brechen Zukunft auf; und Öl quillt durch Risse.

Unten ist nicht die Rettung. Rettung ist oben.

Mach dich frei und du fesselst andre! Wer »Ich« sagt, zieht andre an.

Jeder kennt das Lied, von dem er sich zu befreien hat. Summ dich frei, und die Welt schwingt mit!

Der bessere Fussballspieler wagt ausschweifender zu tanzen.

Maßstab für Freiheit? Wie leicht einer sich in eine völlig andere Lage versetzen kann und wie lang.

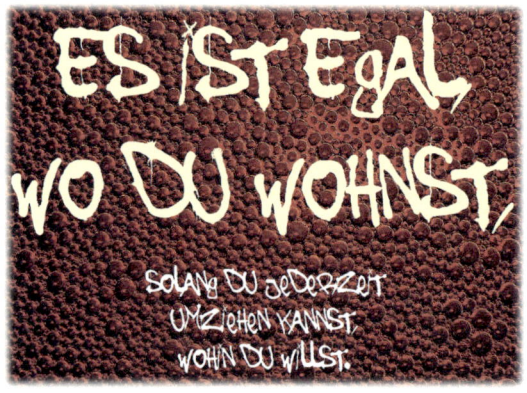

Gleich, wo du wohnst: Hauptsache, du kannst jederzeit umziehen, wohin du willst.

»Vermögensaufbau = Lebensaufbau.«
»Klingt wie die schlaffe Werbung für eine
Genossenschafts-Geldanstalt …«
»Was du vermagst, kannst du überleben …«

Was nicht frei, ist wertlos.

Schlüssel zum Ziel ist der Durchbruch.

Begeisterung begeistert.

Ausdruck schafft Druck.

Sinn des Denkens: überraschungstaub zu
werden. [Zu werten?]

Weshalb schätzt man Vielsagendes mehr? Man
kann es leichter missverstehen. Und Missver-
ständnisse beflügeln.

$$\frac{\text{denken}}{\text{Ausdruck}} = \frac{\text{teigen}}{\text{Brot}}$$

Weisheit macht Spass, also Arbeit.

Werte anlegen heisst, sich mit ihren Gegenwerten anzulegen.

… geschichtsfähig, geschäftsfähig …

Erlösungen gelten bloß für einen Augenblick;
Lösungen etwas kürzer.

Das Schwerste wäre: herauszufinden, was das
Schwerste ist. Das Beste: das Überflüssige
lassen.

Sein zu lassen scheint das Unmögliche. Menschen sind nicht erbastelt von der Welt, um
etwas von ihr in Ruhe zu lassen.

›Bedin-gungen‹ – welch Duden-Unding!

Nichts muss man unbedingt.

Ding wird Festung.

Das Beste isst der Zwang.

Was nichts bewegt, darf nicht mitgeschleppt werden. [Beim Siegeszug.]

Nimm den Zufall an! Es ist keiner.

Das einzige, das du je ergreifen kannst: eine Gelegenheit.

Jeder ist Gelegenheitsarbeiter.

Das Unverstandenste ist die Gelegenheit.

Ein Ziel grenzt aus. [200.000 Umwege.]

Am liebsten hört man Weg.

WO IST JETZT MEINE YACHT?

Das Scheitern schafft Sicherheit.

Witze weisseln den Tag.

Das mächtigste Zeug der Welt? Spielzeug?

Freiheit braucht ein Amt.

Freiheit fesselt Unfreie.

Vernichtend: immer weiter zu spielen.

Wer dich nicht gehen lässt, macht Fort-
schritte. Wer's Ich gehen lässt, macht Fort-

Ein herausragender Bergsteiger zieht öfter den
Kopf ein.

Schlecht gebrauchte Freiheit verwildert. Ins
Reutenlose.

Du darfst die Dinge vereinflachen, bevor sie
dich überhöhlen.

Die Sonne hat Schattenseiten

Jeder Tag braucht seinen Aufstand.

Das Leben ist vorläufig und nachtragend.

Der Stein, den man dir wegräumte, war vielleicht ein Meilenstein?

Als der Zahnschmerz schwand, kam das
Bauchweh zurück. Das Leid kennt jeden
Pfad, der Honigmond ist wählerischer.

Nicht das Wissen erschliesst die Welt, sondern
das Hellsehen.

Sich ausbilden strengt an; anstrengender wird
nur, sich nicht auszubilden.

Der ewig Hinters-Licht-Geführte? Dein
Schatten.

Macht uns der Himmel über uns nicht zu

Unterdrückten?

Die meisten Kehrseiten werden selten gefegt.

Und leider hat die Kehrseite nur selten eine
Medaille.

Selbstfindung braucht Geldfindung.

Wer sich einlässt auf Erden, wird staubig.

Siegen wird der Staub. Den wenigen Ge-
winnern.

Was, finge der Tod an, wählerisch zu werden?

Die Wüste ist schneller.

Die Sonne hat Schattenseiten vor allem da, wo sie nicht scheint.

Wo immer Sonne ist, isst Wüste.

»Und die im Dunkeln hegen ein schlechtes Gewissen gegenüber denen unterm Licht? Grob, fahr lässig!« Hâng Nun aus Kwedlinbur.

Die Sonne ist die Mutter aller Kriege.

Schwitzen – der Körper antwortet auf die Welt.

Wer in die Sonne starrt, wird blind. Und blind werden können nur Sehende.

Ewig waren die Regenwälder.

Schnee beruhigt.

Das Sicherste ist, mit der Unsicherheit zu rechnen.

Gedankengänge ohne Notausgang gehören bauamtlich verboten.

Wer jetzt ein Haus baut, schaut auch Wetterbericht.

Wärme braucht Schutz.

Fenster wechselt man an schönen Tagen.

Schönes erzeugt Zeitnot.

Wen's zur Quelle drängt, muss schwimmen
gegen Ströme.

Wer in die Quelle springt, wird weggespült;
wer aus ihr schöpft, erfrischt.

Näher an der Wüste wird's Wasser teurer. Ge-
schätzt wird Seltenes. Einfacher wär's umge-
kehrt.

Zum Fest der Mäuse kam der Kater.

Die Welt isst ungerächt.

Ob sich auch der Regenwurm ergötzt an den Frühjahrsgesängen der Amseln?

Die Sonne platzt: was machst du dagegen?

Es gibt mehr zu verhindern als zu tun.

Du brauchst nichts zu tun – schon darfst du dich wundern.

Schmerz zeigt dir, dass du da warst.

Die Welt ist auf Bewährung. Dem All ausgesetzt. Alles sprengt die Sonne im Menschheitsuntergang. In $7 \cdot 10^9$ Jahren.

Sternspringer werden müssten wir. Einzig retten könnte uns der Himmelskörper-Übertritt; der Sternwechsel.

Der Mensch das erderweiternde Wesen. [Andere Tiere leben mehr in der Welt, Menschen basteln eher ihre eigene. Weltschichtende Wesen sind die Menschen, können die weitesten Wege nehmen, um zu einem Ergebnis zu kommen: zu ihrem.]

Macht euch die Erde nebenan! Die Erfolgsaussicht scheint gering – das macht Mut: die Ausbreitungsgeschwindigkeit der Menschheit über die Erde in 40.000 Jahren: im Durchschnitt 500 Schritte im Jahr.

Dass es keinen Gegengrund gibt – hat nie getaugt als Grund.

Das Grundgesetz: es gibt keins.

Hellsehen hat viel zu tun mit hinhören.

Der Tag ist taub.

Geistesblitze zucken aus unheiteren Himmeln.

Blitze züchtet man im Trüben.

Das Beste lehnt er ab – weil es anschließend schlechter werden muss.

Beim Ausmalen der Weltbilder achte man aufs Nachschwärzen. Ein Weltbild verträgt einen Neuanstrich nach drei Monden.

Fast jeder verdient eine zweite Chance; fast keiner wird sie nutzen … nutzen können.

Am meisten belächelt wird man an Grenzen.

Öfter eingebrochen wird nahe bei Schnell-strassen.

Geld ist teuer.

£iebe Neidgenossen: Farn ist unsre Palme.

Voraussetzung zum Neid ist Wissen.

Gut leben kann man nicht an jedem Ort;
wenigstens schlecht sterben kann man überall.

Wo zwei sich freuen, beugt sich der Dritte.

Fürs Seltsame spürsinniger werden.

»Langhaariger Wichtigtuer ohne Arbeit – Jésus. Meinst du, der zahlte Steuern?«

Der einzige Kunde eines Angestellten ist sein Vorgesetzter.

Bandenführer werden kindisch.

Zwänge und Wünsche – also Zwänge.

Alles unterliegt der Feile. Alles lügt unter der Eile.

Man legt Geld an wie ein Gewehr. Was nicht betroffen ist, geht unter.

Einem Unbekannten schuldest du etwas? Wie plump.

Was isst die Zeit? Die Gegenwart.

Die Erde so wenig wie möglich zu belasten –
das hat mich fast ums Leben gebracht …

Vor dem All peinlich ist nichts.

Das All ist nicht Antwort auf alles.

Das Leben ein All, und ein All hat viele
Flecken.

Bedruckbar zwar, doch unbeeindruckbar: der
Schein des Geldes.

Manche meinen, wenn sie schneller in den
Feierabend rauschen, kommen sie früher zum
Feiern. Sie haben Recht.

Gegen einen Ohrwurm hilft nur ein andrer
Ohrwurm. Ein billigerer. Und

Höhlenflug

Nesseln säen kannst du oder Mais – beides
wächst.

Ein Gesetz gilt nie allen.

Bei Ankunft wird gelten, was du gepackt hast.
In deinen Kopf packtest du was?

Wer reisst mit? Engel und Meisterbetrüger.

Erwartest du das Schlimme, wirkt's schlim-
mer. Man kann sich den eigenen Tod ein-
bilden – vielleicht auch das eigene Leben?

Ein verzuckertes Dasein bleibt keins.

Solange ich fliegen kann, lerne ich fallen.

Jeder Ausflug wird bezahlt werden [wie jedes Daheimbleiben …]. Ausflüge werden bezahlt mit leidvollem Wissen, Ausflüchte mit Schalheit. Höhlenfluch.

Überall wachsen Fluchwege.

Ein Schlanker ist ein öffentliches Ärgernis.

Auf deine Weltreise nimm deinen Schatten mit! Keiner bleibt dir so treu wie er.

Wer den Tod sieht, merkt, dass er lebt.

Im 8000er-Todesbereich verschließen auch gutbefreundete Bergsteiger ihre Sauerstoffflaschen voreinander …

Zwei Menschen machen einen Dieb.

Was lebt, hat geraubt.

Wer mit Dieben lacht, übt das Weinen.

Die Pioniertat ist mit nichts zu rechtfertigen.
[Der Bahnbrecher ist ein Verbrecher.]

Mancher hat die Erde umrundet, ich aber die
Sonne.

Wer ließ die Luft heraus aus dem Weltall?
Wann kriegt die Sonne Sonnenbrand? Wer
schlägt die Milchstraße zu Sahne?

Weltreise. An jedem Ort blieb ich, bis er mich
verdross. Dann konnte ich beruhigt abreisen.

Auf einem anderen Stockwerk wirst du ein
anderer.

Der Einsame wächst nachts. Tags der Eilsame.

Wasser ist ein großer Hai, wie das verdrängte
Gefühl.

Unausgesprochenes gärt.

Die Aussagen, die einer wagt zu verschweigen,
sind bei vielen das Spannende.

Wer Geschäfte hat, hat auch Geheimnisse.

›Menschen‹ klingt nach ›Fresser‹.

Das Dickicht im Hirn ist am Ungeheuersten.

Wertungen werden zu Geltungen hochge-
stapelt.

Lehrerinnen schlafen schnell ein. Beliebte
Lehrerinnen.

Wie zerbrechlich ist ein Lebenslauf? Reicht
eine Nacht, um ein Sein aus seiner Veranke-
rung zu sprengen? Ein einziger Foltersatz ge-
nügt: »Deine Geliebte umschlingt soeben lust-
voll den neuen Nachbarn.« »Dein Geschäfts-
teilhaber stiehlt dein Geld und pleitet das
Unternehmen.« »Deine Tochter – ein Unfall:
gelähmt!« »Ein Haus mit Meerblick besäßest
du, hätten Staats-Machthaber dich nicht be-
trogen um gerechte Lebensverhältnisse.«
»Dein Darmkrebs lässt dir ein halbes Schmer-
zensjahr.« Dem Seelengerüst eines Menschen
kann man nicht viel zumuten.

Tiefer ätzen Verluste, die man nie wahrnahm.

Weltgeschichte braut man aus Unmut, Mut und Übermut. Aus Mutanfällen.

Die Reiche vergehen, die Reichen bestehen.

Besäße man alles – man hätte vom meisten nichts. Die Sonne hat Schattenseiten.

Zwei Tage Gast, dann Last.

Im Dorf macht sich verdächtig, wer sein Fahrzeug wendet. In der Stadt verdächtig ist, wer nicht vom Dorf kommt.

Große Wohnungen laden wenig ein zum
Lernen.

Der neue Krieg heißt Gier. Der echte. Der alte.

Wann wird der Amoklauf olympisch? Geübt
wird schon eifrig.

Bergversteigerung. Beim König des Nichts

Weltgespür + Selbstgespür = Mensch • ¡Glücksspur

Glück ist bewältigte Fülle.

Jeder Heiler muss verletzen.

Unordnung befreit. Nur wovon?

Dem Klang der Freiheit lauscht keiner umsonst.

Freiheit ist teurer als Geld.

Die größten Flügelspannweiten haben Aas-Geier.

:: gut ist besser ::

Alles ist gut, solang du zu deiner Großmutter stromern kannst.

Ein bewährter Weg zum Abnehmen: Zahn-schmerz.

Wege wachsen in Augen.

Schrittmut beugt des Tages Flut.

»Gleitschirmfliegen? Walzertanzen, Süßsee-nächte, in den Strandkörben der Liebe lungern? Schlemmer-Weinreisen? Kochbücher singen, Volkslieder malen, Wälder durch-schwimmen, Seestücke andrer lesen? Golf-

spielen, Schachverein? Wozu brauchen Voll-
kornkerle freie Zeit? Entdecke deinen Ge-
schmack, keiner sonst wird's tun!« Mäzy Zotl.

¿Wie will einer zur Schatzkammer gelangen
ohne Mut zum Anklopfen bei der Schatz-
halterin?

Nicht nur du durchreist die Welt – die Welt
reist auch durch dich hindurch.

»Ehre die Schleimhaut deines Dünndarms

und du lachst hell!« Ivy Fin, Wendrulja.

Glück ist Beute.

Von allein ergibt sich kein Höhenweg.

Die Zukunft gehört den Leuten, die sie ver-
bessern.

»Sinn suchte ich und fand die Sinne.« Kïara
Mühler, Westvall.

Das Erhaltungsgesetz: kümmere dich!

Schlüssel sind schlüpfrige Wesen, der Erfolg
ist ein Ausgang.

Dass man steckenbleibt in einem Raum –
Schreckvorstellung aller Zeitgeister.

»Schlüssel ersehnt man gegen den Käfig des Allbekannten. Schlüssel sucht man fürs Ewigweiterleben.« Reichhart Krinzbreit, Detmolch.

»Was soll's?« Die Antwort auf diese befreiende Frage entlarvt alles Wichtigtuerische, zertrümmert jeden Hochstaplerramsch. Was soll's? Guttun soll's!

nachbarn sind geil.
ich bin deiner.

»Naherkundung, Fernerkundung. Schauen, wohin man tritt, wohinein man tritt, wo man eintritt, wo man getreten wird.« Tschitchilli Mumbulabaj, nach dem Umzug nach Wombaduschi.

Freundschaft, Liebe: Stoffwechsel.

So lange kenne ich ihn, dass ich seinen Nachnamen vergessen habe.

Feil' dein Lächeln blank und nimm' dein stärkstes Strahlen mit! »Ohne Verdichten kein Zünden.« Triebwerksweisheit.

Letztlich hast du über andere wenig Macht; und niemand hat Vollmacht über dich. Die eigene Ohnmacht bei anderen wird man an jeder Stelle spüren – seltener spürt man die eigene Großmacht über sich selbst.

Von allen Menschen, denen du begegnest, trau am ehesten deinem Gespür!

Ein Mensch ein Bahnhof. Güterbahnhof, Ver-
ladebahnhof, Kopfbahnhof, Zielbahnhof,
Grenzbahnhof. Keiner ist einfach da.

: es sieht von innen anders aus als von aussen :

KEIN MENSCH ~~UNVERWIRRT~~ UNVERWIRRBAR.

Welcher Satz reicht lebenslang zur Erfüllung?
Befrage alles!

Diese Frage hab ich an die Antwortmeister:
wie kann ich bessere Fragen stellen?

Du bist ein Knoten. Du könntest ein besseres Netz sein.

Ich vermische mich, also seid ihr.

»Wer was gegen eigene Kinder hat, hat was gegen sich.« Blanca Ansërs, Zweifelsheim.

Was ist zu tun? Was du nicht lassen kannst.

Wer Schweres löst, wird frei – für Schwereres.

Hast Schweres du loszuwerden, fällt dir Schwereres oft leicht. Wen eine Last erdrückt, der lernt ackern.

Verlust ist nicht peinlich, bloß gewöhnlich.

Zur Antwort drängt alles.

Schweigepflicht: eine Berufskrankheit aller taktlosen Berufe.

Weshalb Tratsch verpönen? Vom Tratsch ausgehen musst du, und von der Möglichkeit des Rauschs.

Deine **Freiheit fesselt** andere.

Im Leben wird man einige Riegel nicht knacken … und jeder Erfolg schließt andere Erfolge aus.

Unangenehme Fragen: »Was machst du eigentlich hier, wo ist dein Beitrag?«

Ein guter Mannschaftsspieler ist einer, dem die Gegner gleich gültig sind.

Kann man allein über Witze lachen, auf Schleimer spucken, die Welt umarmen? Du brauchst dich.

Der Eitle wird früher begraben.

Masse ist Mauer.

Schlüssel zum Weltverständnis: Überlebenszwänge. Man lebt, wie's nicht anders geht.

Das Meer macht derbe Hände. Und Jacken.

Die Masse gebärt Gemeinschaftswissen. Und noch eins verdankst du dem geselligen Lärm der Menge: nie schwankst du verlassen.

Weniger sich aus dem Weg machen – mehr sich machen auf dem Weg. Wie Spring-kraut.

Höhlenforscher? Rosenpfade? Flüssige Katzen? Dein eigenes Entdecken; dein Eigenes ent-decken.

Könner unterschätzen häufig sich selbst. Wie die Leute drum herum.

Je genauer du dich vermisst, umso endloser wirst du.

Du bist, was dich die Erde messen lässt.

Ist man am Ziel am Ende?

Selbstwillkür verrennt sich; Gipfelgier besteht.

Zuerst ermordet wird das Gutgemeinte. Bevor's uns ins Grab langweilt, zu Recht.

Gipfel fordern Täler …

Landbesitz erdet.

Datteln, Ziegenkäse, 28° im Halbschatten: plötzlich war ich daheim. 38°07'15.84" N 23°58'42.79" E.

»Eine Gurke ist ein überaus schönes Geschöpf der Erdgeschichte, und du zerkaust sie einfach?« Âarjen Grôllman, Łalomanu.

Überblickst du's nicht ganz – lass es ganz!

Was belohnt dich? Scharfblick. Masse. ¿Betrug? Rückenwind und Gipfelwitze.

Man braucht keinen ersten Satz, wenn der zweite lautet: sonntags malt er.

»Was mich überzeugt, das muss ich machen; was ich mache, muss mich überzeugen. Überzeugt mich nichts, werde ich verreisen.« »Anmerkung: Klugschmeisser.«

Leid klopft weich.

Abschweifen kann nur, wer ein Ziel hat.

»Einzelne Bilder prägen sich ein in den Kopf – einzelne Bilder prägen den Kopf. Von der südlichen Provence die Erinnerung ans Lavendel-Kräuterduftluftgemisch, auf Kreidefelsen ruhend. Von Australien die Erinnerung ans Löwenlachen des Lachvereins auf Melbournes

Federation Square und das Locklächeln des hellbraunhaarigen neuweltgierigen Mädchens auf der King William Street in Adelaides CBD an einem Nachmittag im Mai vor der Fahrt ins rostrote Hinterland. Von den Dolomiten bleiben: wie ich die Schuttrampen um die Drei Zinnen herunterrutschte, die dem Gebirgsstock seine Zukunft weisen. Ob ich vierzehn Tage unterwegs bin oder vierzig Jahre: bloß einzelne Erinnerungen bleiben.

Das kitschbrüllbunte Püppchenlädchen in einer Kaufhalle der Orchard Road in Singapur. Kuba: der Anblick riesiger Schaubilder am Straßenrand mit der Aufforderung, den Nachbarn zu beäugen, um den Umsturz weiterhin am Siegen zu halten … Tropfen im Wald von Vimmerby rinnen unser Zeltdach herunter; Mückenschwärme am mittelschwedischen Siljan-See zerstechen meine Waden. Das Hier und Heute herzustellen – dazu dient das Reisen.« Skip Tretja, aus Om.

Gut geerdet fühle ich mich dort, wo ich leicht weg kann.

Dem Ziel wachsen Wege.

Rückkehr? Ja; denn hat dich die Reise nicht

bewegt, wird's die Rückkehr tun.

Wir brauchen in Zukunft mehr Gegenwart.
Das klingt bloss gut, wahr er ist's umge-
kehrt.

Was unter einem Schlussstrich steht, soll ein
Anfang sein.

Jeder kann was, was nicht jeder kann[2]

[2] Sprengsätze für Honigmenschen

ISBN 978-3-8391-63344

Aus den Hängematten[3]

[3] Sprengsätze für Weisheitsfresser

ISBN 978-3-8391-63313

Wollt ihr eure eigenen Spreng-Sätze bauen und ein Buch draus machen? Wir helfen euch beim Ausfeilen und allem drumherum:

sprengsatzmeister@stärkere-texte.de

www.stärkere-texte.de